# Cachorros de ardilla en la naturaleza

por Katie Chanez

Bullfrog
en español

# Ideas para padres y maestros

Bullfrog Books permite a los niños practicar la lectura de textos informativos desde el nivel principiante. Las repeticiones, palabras conocidas y descripciones en las imágenes ayudan a los lectores principiantes.

## Antes de leer

- Hablen acerca de las fotografías. ¿Qué representan para ellos?

- Consulten juntos el glosario de las fotografías. Lean las palabras y hablen de ellas.

## Durante la lectura

- Hojeen el libro y observen las fotografías. Deje que el niño haga preguntas. Muestre las descripciones en las imágenes.

- Léale el libro al niño o deje que él o ella lo lea independientemente.

## Después de leer

- Anime al niño para que piense más. Pregúntele: Los cachorros de ardilla viven dentro y alrededor de los árboles. ¿Cómo les ayudan sus garras?

Bullfrog Books are published by Jump!
5357 Penn Avenue South
Minneapolis, MN 55419
www.jumplibrary.com

Library of Congress Cataloging-in-Publication Data

Names: Chanez, Katie, author.
Title: Cachorros de ardilla en la naturaleza / por Katie Chanez.
Other titles: Squirrel kits in the wild. Spanish
Description: Minneapolis, MN: Jump!, Inc., [2024]
Series: ¡Animales bebés en la naturaleza!
Includes index.
Audience: Ages 5–8
Identifiers: LCCN 2022061309 (print)
LCCN 2022061310 (ebook)
ISBN 9798885248389 (hardcover)
ISBN 9798885248396 (paperback)
ISBN 9798885248402 (ebook)
Subjects: LCSH: Squirrels—Infancy—Juvenile literature.
Classification: LCC QL737.R68 C49218 2024 (print)
LCC QL737.R68 (ebook)
DDC 599.3613/92—dc23/eng/20230106

Editor: Eliza Leahy
Designer: Molly Ballanger
Translator: Annette Granat

Photo Credits: Tei Sinthip/Shutterstock, cover (trunk); Nature Picture Library/SuperStock, cover (squirrels), 24; Jason L. Price/Shutterstock, 1; IrinaK/Shutterstock, 3 (top); itsjustluck/iStock, 3 (bottom); Sue Feldberg/Dreamstime, 4; Liz Bomford/Gettty, 5, 23tl; Frank Lane Picture Agency/SuperStock, 6–7; Joe Blossom/Alamy, 8–9; Kassia Marie Ott/Shutterstock, 10–11; Jay Ondreicka/Shutterstock, 12, 23tr; Jessica Hartle/iStock, 13; Paul Smith/iStock, 14–15, 23tm; Nigel Harris/iStock, 16, 23bm; Glenn Mai/iStock, 17; AlecOwenEvans/iStock, 18–19; Ernie Janes/Alamy, 20–21; Nata.dobrovolskaya/Shutterstock, 21, 23br; Robert Eastman/Shutterstock, 22; Chris Wetherell/Shutterstock, 23bl.

Printed in the United States of America at Corporate Graphics in North Mankato, Minnesota.

# Tabla de contenido

Una ardilla mira hacia afuera.

Su nido está dentro de este árbol.

cachorro

Sus cachorros están adentro.

Son muy pequeñitos.

Los cachorros se quedan con mamá.

Ellos beben su leche.

¡Ellos crecen rápido!

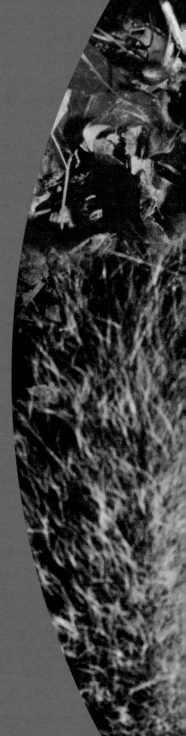

pelaje

Los cachorros se mantienen calientitos en el nido.

El pelaje les crece.

9

Ahora ya cumplieron
seis semanas.

Este sale.

garra

Se trepa a los árboles.
Las garras le ayudan.

Él encuentra comida.
Come nueces y semillas.
*¡Mmm!*

nuez

13

cola

El cachorro crece.

¡Su cola se vuelve esponjada!

Él juega con otros cachorros.

Ellos se persiguen.

# ¡Ellos se esconden!

El cachorro crece
por completo.

Encuentra un hogar
en un árbol.

Recoge comida para
el invierno.

¡Mantente calientita,
ardilla!

nueces ·····▶

# Las partes de un cachorro de ardilla

¿Cuáles son las partes de un cachorro de ardilla?
¡Échales un vistazo!

oreja

pelaje

cola

nariz

garra

pata

# Glosario de fotografías

**cachorros**
Ardillas bebés.

**esponjada**
Cubierta de piel o
pelaje finos y suaves.

**garras**
Uñas duras y afiladas
en los patas de algunos
animales.

**nido**
Un lugar construido
por animales pequeños
para vivir en él y
cuidar a sus crías.

**persiguen**
Corren detrás de
alguien o algo.

**recoge**
Agarra cosas en
un lugar.

# Índice

# Para aprender más

**FACT SURFER**

**Aprender más es tan fácil como contar de 1 a 3.**

❶ Visita www.factsurfer.com

❷ Escribe "cachorrosdeardilla" en la caja de búsqueda.

❸ Elige tu libro para ver una lista de sitios web.